8° V
1529f

FONDATION
SMITH-LESOUËF
6354

8° V.
15.294

1890

6ᵉ EXPOSITION

Pavillon de la Ville de Paris

(Champs-Élysées)

Du 20 Mars au 27 Avril

De 9 heures à 6 heures

COMITÉ :

Président : VALTON, boulevard Richard-Lenoir, 49.

Vice-Président : DAVRIGNY, rue de Passy, 76. | *Vice-Président :* TESSIER, rue de la Tour 60 (Passy).

Secrétaire : CONTREPOIDS, rue du Faubourg-Montmartre, 33. | *Secrétaire :* GOUBOT, 6, rue de la Tour-d'Auvergne.

Trésorier : SERENDAT DE BELZIM, rue du Rocher, 56.

Membres :

ALBERT, avenue Trudaine, 16.
JAUDIN, avenue de Villiers, 120.
LUCE, rue Cortot, 6.
MAZIÈS, rue d'Assas, 100.
OSBERT, rue Alain-Chartier, 9.
SEURAT, passage de l'Élysée des Beaux-Arts, 39.
SIGNAC, avenue de Clichy, 20.
TRAVERS, rue Château-Landon, 8.
N***.

La Société des Artistes indépendants, basée sur la suppression des Jurys d'admission, a pour but de permettre aux Artistes de présenter librement leurs œuvres au jugement du public.

DÉSIGNATION [1]

ALBERT, Adolphe, né à Paris. — 16, avenue Trudaine.
- **1.** Portrait.
- *** 2.** Étude.
- *** 3.** Triel (Seine-et-Oise).
- *** 4.** Carrières sous Poissy.
- *** 5.** Petit-Andelys (Eure).
- *** 6.** Vernouillet (S.-et-O.). Pastel.
- *** 7.** Étude. Pastel.
- *** 8.** Cadre de dessins
- **9.** Portrait.

ANGRAND, Charles. — 45, boulevard des Batignolles. Paris.
- **10.** Le matin.
- **11.** Le fumier.
- **12.** Les meules de blé.
- **13.** Les cochons.
- **14.** La grande jatte.
- **15.** Un coin de parc.
- **16.** Étude.

(1) L'astérisque placé à côté des numéros indique les œuvres à vendre. On peut se procurer, au Secrétariat de l'Exposition, tous les renseignements nécessaires à l'achat des ouvrages, prix des œuvres et adresses des auteurs.

ANQUETIN, Louis, né à Étrépagny. — 62, rue de Rome. Paris.

 17. Tête d'homme.

ARGENCE (d'), Eugène, né à Paris. — 21, rue Saint-Ferdinand.

 18. Automne.
 19. Vue prise à Venteuil (appartient à Mme de L.).
 20. Soleil d'hiver.
 21. Vieille maison à Jouarre.
 22. Chemin descendant à Creil (appartient à M. G. Popelin).
 23. Les algues vertes (Tréport).
 24. Derrière l'église (Tréport).
 25. La plage (Tréport).
 26. Étude de peupliers.
 27. Étude de feuilles.

AUBIN, Paul, né à La Mothe-Saint-Heraye (Deux-Sèvres). — 6, rue Boissonnade. Paris.

 ***28**. Les montagnes de Château-Neuf Martigues, Provence.
 ***29**. Une route en Provence.
 ***30**. Miramas-le-Vieux, Provence.
 ***31**. Le quartier des pêcheurs à Martigues, Provence.

AUTHIER (Mlle), Henriette, née à Moulins (Allier). — Rue de l'Oiseau, 7.

 ***32**. Vaches au pâturage.
 ***33**. Calendrier de Flore. Mai. Lilas, pivoines.
 ***34**. Visiteur matinal. Effet de neige.
 ***35**. La paresseuse, paysanne bourbonnaise et sa grand'mère.

BARABANDY, Richard, né à Milan. — 56, avenue de Clichy (Paris).

    36. Paris dans la rue.
    37. Paris dans la rue.
    38. Paris dans la rue.

BELLANGER, Auguste, né à Villette (Seine-et-Oise). — 1, rue Leclerc (Paris).

    39. L'ami G. par 30 degrés de chaleur.
    40. La place de l'église au soleil.
    41. La plage d'Erquy.
    42. Portrait de Mme M. de B.
    43. Portrait de Mlle Henriette G.
    44. Le port de Piriac.
    45. Coin de rochers.
    46. Le chemin du cimetière.
    47. La mauvaise nouvelle. Erquy (Côtes-du-Nord).
    48. En revenant de la pêche. Erquy (Côtes-du-Nord).

BENOIST, Théophile-Maximilien, né à Paris. — 44, passage des Thermopyles.

    *49. Nature morte.
    *50. Fleurs.
    *51. Étang à Lozère, près Orsay.
    *52. Fleurs. Aquarelle.
    *53. Fleurs. Aquarelle.

BERCIOUX, Jean-Charles, né à Paris. — 51 bis. rue Cler.

    *54. Raisins d'Espagne.
    *55. Roses trémières.
    *56. Étang près Montfort-l'Amaury.
    *57. Forêt de Rambouillet.

58. Oiseaux. Nature morte.
59. Fauteuil, livres, etc.
60. Roses trémières.

BERNARD, Lucien Saint-Fargeau Eugène, né à Paris. — 28, rue du Lycée, à Sceaux (Seine).

*61. Le printemps. Panneau décoratif.
*62. L'automne. Panneau décoratif.

BERRIA-BLANC (Mme), Béatrice, née à Gênes. — 7, villa Michel-Ange (Auteuil).

63. Asiatiques et Européens. Pochades.
64. Un jour de spleen.
65. Dans l'ombre.
66. Étude.
67. Cosè fan tutte, ou l'armoire au pillage.
68. Dans l'engadine.

BERTHIER, Paul, né à Paris. — 13, rue Bonaparte.

69. Un intérieur breton.
70. Deux études.
71. Un vieillard. Auvergne.
72. Fileuse. Étude.

BESSET, Cyrille, né à Saint-Sernin-du-Plain (Saône-et-Loire. — 7, villa Michel-Ange.

73. La gorge de loup, Fontainebleau.
74. Bouquet de chrysanthèmes.
75. Herbes folles.
76. Langouste.
77. Rocquefort.
78. Intérieur de cour, Marlotte.
79. Coin de Normandie.
80. Bouillotte.
81. Pie.
82. Brioches.

BLACHE, Philippe-Charles, né à Paris. — 13, rue Ravignan, chez M. Guiguet.
    83. L'insurgée. Dessin.
    84. Buste de paysanne. Dessin détrempe.
    85. Homme de peine. Dessin détrempe.
    86. L'insurgée. Aquarelle.
    87. Village au clair de lune, novembre. Pastel.
    88. Profil de vieille femme.
    89. Le jour des morts. Pastel.
    90. Le sorcier. Pastel.
    91. L'insurgée. Détrempe et pastel.
    92. Le paysan. Pastel.

BLANC, Irenée, née à Laguepie (Tarn-et-Garonne). — 44, rue Gay-Lussac (Paris).
    93. Revue de 89.

BOCH, Anna, née à Bruxelles. — 1, avenne de la Toison-d'or.
    ***94.** Les foins.
    ***95.** Les sabotiers.
    ***96.** Les pavots.
    97. Octobre.

BONNAFFÉ, Jules, né à Bordeaux. — 36, avenue du Roule, Neuilly (Seine).
    98. La Marseillaise. Plâtre.
    99. Mater Dolorosa. Plâtre.
    100. Acrobate. Bronze.
    101. Couronne de roses. Terre cuite.
    102. La mer, clair de lune. Fusain.
    103. La pointe de Dives. Fusain.
    104. Marine. Dives. Fusain.

BOUDROT, Alexis, né à Dinan (Côtes-du-Nord). — 1, rue Leclerc.
    105. La maison Usher.
    106. Liseur.

BOURDAIS (Mlle), Julienne, née à Poissy. — 12, avenue de Versailles. Paris.
    107. Étude.
    108. Portrait.

BRANDT, Pierre, né à Paris. — Ile Saint-Denis (Seine).
    109. Rue de l'Abreuvoir, à Montmartre.
    110. Port du Touage, Ile Saint-Denis.
    111. Rue des Saules, Montmartre.
    112. Nature morte. (appartient à Mme Urban).
    113. Bords de la Seine. Automne.
    114. Canal Saint-Denis. Printemps.
    115. Premiers verts.

BRESSANT, Paul, né à la Basse-Terre (Guadeloupe).
    116. Forêt.
    117. Sentier dans les bois.
    118. Roses.
    119. Objets d'art.

BRETHEAU, Félix, né à Orléans. — 133, avenue du Maine.
    120. Paysage. Étude.
    121. Paysage. Étude.
    122. Paysage. Étude.
    123. Paysage. Étude.
    124. Paysage. Étude.

BRIET, Jules, né à la Ferté-sous-Jouarre. — 30, rue du Temple (Saumur).
    125. Les bords du Morin à la Ferté-sous-Jouarre.
    126. Les bords du Touet à Saumur.
    127. Mon portrait.

BRION, Léon, né à Paris. — Pont-Aven (Finistère).
    128. Nouvelles du frère.
    129. Étude.

BRION, Paul, né à Paris. — 135, Boulevard Saint-Michel.
   130. Rêverie. Pastel.

BROC, François, né à Nîmes (Gard). — 18, rue de l'Orient (Montmartre).
   131. *a.* Le chaos.
   132. *b.* Non.
   133. *c.* Le grand problème.
   134. *d.* Oui.
   135. *e.* L'ordre.

BROU P. C. (de), Prosper, né à Brou (Eure-et-Loir. — 15, faubourg Montmartre.
   *_**136.** Paysage.
   *_**137.** Nature morte.
   *_**138.** Nature morte.
   139. Portrait. Crayon.
   140. Étude au crayon.

BRUNET (Mlle), Élisa-Antonine-Marie, née à Paris. — 2, rue des Pyramides.
   141. Éventail avec couronne de bluets et fleurs des champs.

BRUNET, Eugène, né à Sarcelles (Seine-et-Oise. — Sorgues (Seine-et-Marne.
   142. Le quai Masséna à Nice.
   143. Le Paillon au pont Vieux à Nice.
   144. Les coteaux d'Épisy, à Nice.
   145. Le Loing débordé à Sorgues.
   146. Le Loing au pont de la Gravine à Sorgues.

BUCHANAN (Mlle), Grace-Gertrude, née à Londres. — 4, passage Caroline, boulevard des Batignolles.
   *_**147.** Printemps.

CAILLAUD, Alfred, né à La Rochelle. — 11, impasse du Maine.
- 148. Fantaisie.
- 149. Les fromages.
- 150. Fromages et fruits.
- 151. Les moules.
- 152. Chaudron.

CAILLOT, Roger, né à Strasbourg. — 25, rue Véron (Paris).
- *153. Un coin de Paris, le matin.
- *154. Étude de cheval.
- *155. Paysage.
- *156. Couchers du soleil en mer.
- *157. Marines (4 panneaux).

CARABIN, François-Rupert, né à Saverne (Bas-Rhin). — 10 boulevard Barbès (Paris).
- *158. Wetterhexe. Cire.
- *159. Supplication. Cire.
- *160. Prière. Cire.
- *161. Étude. Équilibre boule. Cire.
- *162. Étude. Équilibre.

CARL-ROSA, Mario, né à Loudun. — 30, faubourg Saint-Honoré.
- *163. En Sologne.
- *164. La Seine à Chatou. Effet d'automne. Étude.

CHARMOILLE, André-Édouard, né à Besançon. — 13, rue des Halles (Paris).
- 165. Un coin du quai d'Orsay.
- 166. Le Pont-Neuf sur la berge du quai de la Mégisserie.
- 167. Le port Saint-Nicolas à Paris. Aquarelle.
- 168. Le Pont Royal vu du port Saint-Nicolas. Aquarelle.

CHAVAGNAT (Mlle), Antoinette, née à Rouen (Seine-Inférieure). — 11, rue Chanzy à Nanterre (Seine).
    *169. Coquelicots doubles. Aquarelle.
    *170. Fleurs. Aquarelle.
    *171. Chrysanthèmes. Aquarelle.
    *172. Giroflées et primevères.

CHEILLEY (Mlle), Jeanne, née à Londres de parents français. — 10, rue Notre-Dame-de-Lorette (Paris).
    173. Portrait de M. X. (Appartient à Mme X.).

CHÈREMETEW, Basile, né à Moscou. — 71, rue de la Faisanderie (Paris).
    174. A travers les neiges.
    175. En maraude.

CHEVALIER, Ernest-Jean, né à La Rochelle. — 55, rue Rennequin (Paris).
    *176. Étude marine.
    *177. Groupe d'études à la mer.
    *178. Un coin du vieux fort à Fouras.
    *179. Barques au mouillage.
    *180. Étude de barque.
    *181. La brume, marine à La Rochelle.
    *182. Sous bois à Vouvent.
    *183. Un coin de La Rochelle.
    *184. Étude à Honfleur.
    *185. Deux études.

CHEVALLIER, Léon-Pierre, né à Sablé (Sarthe). — 143, avenue de Neuilly (Seine).
    186. Tête de chien.
    187. Ma cour.
    188. Portrait de Mme X.
    189. Portrait du docteur Sutherland.

CLAUDON, Roger, né à Paris. — 26, rue Bréda (Paris).
 190. Blanchisseuses à Montmartre.
 191. Étude.
 192. Marchand de marrons, rue Lepic.
 193. Camelot.
 194. Ramasseur de mégots.

CORONT, né à Vanosc (Ardèche). — 9, rue de Tournon.
 195. Portrait de Mlle S.
 196. Portrait de M. J.
 197. Coin de hameau dans les Cévennes.

CROSS, Henri-Edmond, né à Douai. — 4, rue Aumont-Thiéville (Paris).
 198. A ma fenêtre.
 *199. Un moment de répit.
 *200. Eza (Alpes-Maritimes). Effet de soir.
 *201. Paysage des environs de Monaco.
 *202. Une treille à Levens.

CUVILLIER, Eugène-Henri, né à Paris. — 32, rue Saint-Pétersbourg.
 203. Portrait.
 204. Étude.
 205. Étude à Juan-les-Pins (Alpes-Maritimes).
 206. Repasseuse.
 207. Étude. Paris.
 208. Étude à Juan-les-Pins.
 209. Chrysanthèmes.

DAGNAUX, Albert, né à Paris. — 50, rue Saint-Didier.
 *210. Le quai aux Fleurs.
 *211. Soyers, vue du village. Effet gris.
 *212. Soyers. La mare.
 *213. Soyers. Les vignes.
 *214. Soyers, nuit tombante. Pastel.

*215. Tête d'étude. Pastel.
*216. Saint-Sulpice. Effet de neige.
*217. Trocadéro. Effet du matin.
*218. Souvenir de l'Exposition.
*219. Souvenir de l'Exposition. Effet du soir. Pastel.

DANIEL, Georges, né à New-York. — 55, rue du Château (Paris).

*220. Un mas à Corneilla de Conflent (Pyrénées-Orientales).
*221. Une prairie.
222. Un pré à Corneilla (appartient à M. L. J. B.).
*223. Leucate (Aude).
*224. Le modèle.
*225. Fleurs.
*226. Un verger à Saint-Clément, près Corneilla.

DARVIOT, Édouard, né à Beaune (Côte-d'Or). — 22, rue de la Tour-d'Auvergne (Paris).

227. Un portrait.
228. Le pain à la ferme.
229.
230.
231.
232. } Huit études et impressions. Algérie et
233. }   Bourgogne.
234.
235.
236.

DAVRIGNY, Joseph, né à Paris. — 76, rue de Passy. Paris.

*237. Incident électoral.
*238. Le pont Rouge (le matin).
*239. Le pont Rouge (le soir).

*240. Sentier à Villejuif.
*241. Entrée de village.
*242. Il neige.
*243. La dives.
*244. A Villejuif.
*245. Deux belles vieillesses.

DEBRAY, Eugène-Frédéric, né à Paris. — 47, rue des Batignolles.

246. Clair de lune au moulin.
247. Etude. Berneval.
248. Crépuscule.
249. Les boudeurs. Clair de lune.
250. Étude. Méditerranée.

DECONCHY, Ferdinand, né à Paris. — 15, impasse Hélène.

251. Promenade.
252. Sous bois, le matin.
253. Bord de l'eau.
254. Chemin Romain à Alger.
255. Ferme abandonnée.
256. Falaise. Soleil.
257. Falaise. Temps gris.

DELACOUR, Hippolyte, né à Paris. — Villeneuve-la-Garenne (Seine).

*258. Bateau désemparé au plein, à Herelle, Granville (Manche).
*259. Cadre d'études, le Bout du Roc, la Grève du Nord dans le petit bassin et le port de Granville.
*260. Écluse du canal à Saint-Denis (Seine).
*261. La vallée du Bosc à Granville (Manche).
*262. Dans l'avant-port de Granville.
*263. Falaise de Donville, près Granville.

*264. Cadre d'études, bords de la Seine.
*265. Cadre d'études, la route de Donville, le port de Granville, quatre marines dans le bassin de Granville.
*266. Cadre d'études, le bout du havre de Granville, trois environs de Granville.
*267. Granville, Manche.

DELANGLE, Théodore, né à Paris. — 18 bis, impasse du Maine.

*268. Carrière abandonnée dans les moulineaux.
*269. Effet de neige.
*270. Baigneuses.
*271. Étang de Chaville.
*272. Ile de Billancourt.
*273. Saulaie.

DE LA VILLÉON (Emmanuel-Victor-Auguste-Marie), né à Fougères (Ile-et-Vilaine). — 80, rue d'Assas, Paris.

*274. Étude de fleurs.
*275. En Hollande. Un coin de quai à Amsterdam.
Prairie près de Wormerveer.
La plage de Zandvoort.
La Bredestraat à Leyde.
*276. { En Hollande. L'Amstel au soleil couchant.
Beverviyk.
Muiderberg.
Kromenie.
*277. Environs de Zaandam : Moulin à broyer des couleurs.
*278. Près Koog Zandyk.
*279. Près Voyk-an-Zée.
*280. Bords de la Zaan.
*281. Lever de lune en Bretagne.
*282. Digitales, brume du matin.
*283. Digitales, au soleil levant.

DE RÉGOYOS, Dario, né à San Sébastien (Espagne).
 284. Ruines d'église.
 *285. Fête Basque.
 *286. La confession (Pays Basque).
 *287. Rivière à sec (Méditerranée).

DERONDEL (Mme), né à Bourg-la-Reine (Seine). — 92, rue de la Mare (Paris-Belleville).
 288. Causette.
 289. Deux petits joueurs.
 290. Sans gêne.

DESCHAMPS, Frédéric, né à Henrichemont (Cher). — 18, impasse du Maine.
 291. Une rue à la Garde, près Toulon (Var).
 292. Une rue à la Garde, près Toulon.
 293. Une rue à la Garde, près Toulon.
 294. Une rue à la Garde, près Toulon.
 295. Une rue à la garde, près Toulon.
 296. Une rue à la Garde, près Toulon.
 297. Une rue à la Garde, près Toulon.
 298. Une rue à la Garde, près Toulon.
 299. Une rue à la Garde, près Toulon.
 300. Une rue à la Garde, près Toulon.

DESCHAMPS (Mme), F.-Al., née à Alençon (Orne). — 12, rue Lahire (Paris).
 301. Un buste homme. Plâtre.
 302. Un buste femme. Terre cuite.

DESLIENS (Miles), Cécile et Marie, nées à Chavenon (Allier). — 7, rue de Vaugirard.
 303. Portrait de M. Irénée Blanc.
 304. Jeannotte.

— 17 —

DESPAIGNE, Charles, né à Santiago de Cuba. — 12, rue de Clichy (Paris).

    305. Boutique de potier à Tunis.
    306. Bois d'oliviers (Tunisie).
    307. Rue de Tunis.
    308. Pont à Bizerte (Tunisie).

DEVINAT, François, né à Chaumont-sur-Yonne. — 27, rue du Vieil-Abreuvoir (Saint-Germain-en-Laye).

    309. La hutte du bûcheron. Forêt de Rambouillet.
    310. La clairière, bord de forêt.
    311. Les charmes. Forêt de Saint-Germain.
    312. L'atelier du père Jamet, à la Mare-aux-Canes, Forêt de Saint-Germain.
    313. Portrait de Mme D.
    314. Portrait de M. Georges D.

DUBOIS-PILLET, Albert, né à Paris. — Au Puy (Haute-Loire).

    *__315.__ Portrait de Mme P.
    *__316.__ Les lavoirs du quai d'Anjou.
    *__317.__ Nature morte.
    *__318.__ Bords de la Seine (Neuilly).
    *__319.__ Le quai Montebello. Paris.
    *__320.__ Le quai Henri IV. Paris.
    *__321.__ Notre-Dame. Paris.
    *__322.__ Saint-Michel d'Aiguilhe (Haute-Loire).

DULAC, Charles, né à Paris. — 32, rue Gabrielle (Paris).

    323. Saint-Julien-le-Pauvre. Paris.
    324. Vézelay, cathédrale.
    325. Église, Pont-Aubert.
    326. Vézelay.
    327. Nature morte.
    328. Raies.
    329. Deux études marines.

330. Études, nature morte.
331. Polichinelle.
332. Catéchumène de Vézelay.

DUMONT, Henri-Julien, né à Beauvais (Oise). — 75, boulevard Clichy. (Paris).

333. Le printemps. Panneau décoratif.
334. Fleurs.

DUVAL-GOZLAN, Léon, né à Paris. — 41, rue de la Tour-d'Auvergne.

335. Paysage aux environs d'Étretat (Seine-Inférieure).
336. Maisons à Vernonnet (Eure).
337. Bras de Seine ou Goulet, près Vernon.
338. Route de Auvers à Pontoise. Effet de neige (appartient à M. Léon Laubière).
339. Dans les Graves à Villerville.
340. Coin de ferme à Bordeaux Saint-Clair, près Étretat.
341. Étude de choux, jardin potager.

DYKMAN (Mlle), Henriette-Jeanne, née à Paris. — 7, rue d'Amboise.

*342. Éventail (la musique).
*343. Éventail (iris et canards).

ENGEL, José, né à Joinville-le-Pont. — 31, rue Victor-Massé (Paris).

344. Les bords de la Scie (Normandie).
345. Falaises, pigeonnier du manoir Ango.
346. Cadre de six études.
347. Tête d'étude.

ETIÉVANT (Mlle), Hélène, née à Paris. — 4, rue des Abbesses.

 348. Mon grand-père. Médaillon plâtre.
 349. Portrait de M. Louis Lucipia. Buste plâtre.

FILIGER, Charles, né à Thann (Alsace). — Rue de la Grande-Chaumière, 10.

 350. Paysage.
 351. Repos.
 352. Prière.
 353. Dessin.

FINCH, A.-W, né à Bruxelles. — Adresse : à La Louvière (Belgique).

 354. Le chenal de Nieuport, temps gris, été. (Appartient à Mlle M. Simon).
 ***355.** Les meules.
 ***356** Route vers Nieuport. Bains.
 ***357.** Un brise-lames à Heyst, temps gris, novembre.
 ***358.** La plaine à Oudenbourg, près Ostende.

FULLER, David-Thomas-Scott, né à Richemond (États-Unis). — 24, rue Pigalle.

 359. Éclaireur attaqué par les Indiens.
 360. Portrait.
 361. Portrait.
 362. Cavaliers au règne du mulet. Ben Hassen roi de Nanade.

FUCHS, Louis-Joseph-Gustave, né à Paris. — 18, rue de Chabrol (Paris).

 363. Sous bois.
 364. Cour de ferme en Bretagne.
 365. Étude.
 366. Lever de soleil.

GAUSSON, Léo, né à Lagny-sur-Marne. — 3, rue Saint-Paul (Lagny).
    367. Le clocher de Bussy.
    368. Soir d'été.

GÉRARD (Mlle), Gabrielle, née à Vincennes. — 25, rue de Penthièvre (Paris).
    369. Nature morte.
    370. Une rue de Chinon.
    371. Esquisse.

GIBAUT, Maxime, né et domicilié à Bois-le-Roi (Seine-et-Marne).
    372. Pêches.
    373. Le gardien d'oranges.
    374. Pommes.

GIRAN, Maxime-Léon, né à Paris. — 5, rue d'Angoulême.
    375. Château de Beauvoisin (Gard).
    376. Le vieux moulin à Beauvoisin.
    377. Une course de taureaux à Beauvoisin.
    378. Étude.
    379. Quatre études.
    380. Les oliviers.
    381. Fromage. Pastel.
    382. Nature morte.
    383. Église de Beauvoisin.
    384. Vue de Beauvoisin.

GLUK, Eugène, né à Altkirch (Alsace). — 99, rue de Vaugirard (Paris).
    385. Une chasse au sanglier au moyen âge.
    386. Le premier chasseur.
    387. Vue prise à Beyne (Seine-et-Oise).
    388. Un dimanche sous Louis XIII.

389. Mon concierge.
390. Vue prise à Nauphle-le-Château. Aquarelle.
391. Le chemin creux. Aquarelle.
392. Par un temps de neige. Aquarelle.
393. Avant la pluie. Aquarelle.

GOUBOT, Claude, né à Paris. — 6, rue de la Tour-d'Auvergne (Paris).

394. Le calendrier. Études.
395. Portrait de l'auteur.
396. « En route », portrait de miss Maud G... (Appartient à M. G.).
397. Le phare d'Eddystone (Angleterre).
398. La butte Montmartre en 1814.
399. La tour de Montlhéry (état actuel).
400. Machine bâbord du Winch-long.
401. Le boléro.
402. Petit lac d'Enghien (Seine-et-Soise) (appartient à M. D. Travers).
403. Le remorqueur *l'Hercules*.

GRANDVOINNET (Mme). — 42, rue Fontaine (Paris).

* **404.** Nature morte. Déjeuner.
* **405.** Paysan russe, environs de Moscou. Pastel.
* **406.** Vue du pont et moulin de la Reine-Blanche à Poissy.
* **407.** Boulogne-sur-Seine.
* **408.** Laitière anversoise.
* **409.** Hollandaise. Fusain.

GRÉMAIN, Alexis-Désiré, né à Rosendaël-lez-Dunkerque (Nord). — 8, villa Michel-Ange (Auteuil).

* **410.** Solitude. Paysage.

GUÉRIN DES LONGRAIS, Pierre-Charles. — 174, faubourg Saint-Denis (Paris).

 411. Le moulin Réty à Néris-les-Bains.
 412. Un chemin le matin à Néris-les-Bains.
 413. Le val Saint-Germain près Saint-Chéron.
 414. Sous les noyers. Étude.

GUÉRINOT, Gustave, né à Corbeil. — Voulx (Seine-et-Marne).

 415. Coucher de soleil (Aude).

GUILLAUMIN, Armand, né à Paris. — 8, rue Garancière.

 *416. Femme et enfant dans une prairie.
 *417. Ivry. Pastel.
 *418. Paysanne d'Auvergne.
 *419. Intérieur. Pastel.
 *420. Cour à Janville.
 *421. Quai d'Austerlitz.
 *422. Meules de foin dans une prairie, le matin.
 *423. Pêcheuse au bord de l'Orge.
 *424. Cantonnier.
 *425. Quai de la Rapée. Décembre.

GUILLEMINOT (Mlle), Marthe, née à Paris. — 6, rue Choron. Paris.

 426. Un cendrier.
 427. Deux épingles Émaux de Limoges.

GUILLOT, Jean Vital, né à Issoire (Puy-de-Dôme). — 7, rue de Buzenval (Boulogne-sur-Seine).

 428. Souvenir du domaine du lac d'Expirat (Auvergne).
 429. En route pour le marché aux environs d'Issoire.

HALLION, né à Baccarat (Meurthe-et-Moselle). — 108, Grande-Rue, Sèvres (Seine-et-Oise).
 430. Un étang à Chaville (Seine-et-Oise).

HUBER, Édouard-Louis, né à Altona. — 14, rue Doudeauville.
 431. Un herbage à Verzy, près Reims.
 432. Le chemin de Villepinte. Matin.
 433. Bords de la Marne à Champigny.
 434. Meules à Villepinte.
 435. Souvenir de Lorraine.
 436. Les laveuses à la Varenne-Saint-Maur. Gouache.
 437. Environs de Limoges. Gouache.
 438. Quatre gouaches.

HÉRAN (Mme Saint), Madeleine, née à La Combe (Allier). — 147, avenue de Villiers à Paris.
 439. Le père Jacques. Portrait.

HERVÉ, Julien-Auguste, né à la Basse-Indre (Loire-Inférieure). — 71, rue de la Paroisse à Versailles.
 440. Portrait.
 *__441.__ La Bièvre, près de Buc.

HOUDARD, Charles, né à Neuilly-sur-Seine. — 1, cité Gaillard, Paris.
 442. Un cadre, neuf études.
 *__443.__ Bords de l'Oise, à Précy.
 *__444.__ Une forge.
 *__445.__ Bords de Seine. Étude.
 *__446.__ Carrière au Pecq.
 *__447.__ Deux aquarelles. Ardennes.
 448. Une forge. Aquarelle.
 449. Bords de l'Oise. Eau-forte.
 450. A Fontaine, Oise. Eau-forte.
 451. Étude. Eau-forte.

JABLONSKI, Charles, né en Pologne russe. — 63, rue d'Argout. Paris.
    452. Portrait d'enfant.

JAUDIN, Henri, né à Paris. — 120, avenue de Villiers.
    453. Montigny (Seine-et-Marne).
    454. Le Breuil-sur-Orge.
    455. Épinay-sur-Orge.
    456. Le rocher Bayard à Dinant (Belgique).
    457. Rosay (Seine-et-Oise).

JUSSY, Georges, né à Paris. — 2, rue des Haudriettes.
    458. Portrait de Mlle Marie Butet.
    459. Portrait de M. Lesseur.
    460. Portrait de M. Lenoir.

KIRÉEVSKY (Mlle), Nathalie, née à Moscou. — 65, avenue Marceau. Paris.
    461. Chez les Javanaises à l'Exposition universelle.
    462. Un matin de printemps aux environs de Moscou.

KRASNO, Henri, né à Paris. — 55, rue Rebeval. Paris.
    463. Le vieux rempart à Mantes.

LASELLAZ, Gustave, né à Paris. — 23, boulevard Gouvion-Saint-Cyr.
    *464. Le calme. Éventail.
    *465. Les fusinistes.
    *466. Au bord du ruisseau.
    *467. Les cerises. Aquarelle.
    *468. La cruche cassée. Aquarelle.
    *469. Le vieux Pollet à Dieppe.
    *470. La rue Parisis. Maule.
    *471. Le vieux pêcheur.
    *472. Jean-Jacques Arromanches.
    *473. La dame aux roses.

LEMMEN, Georges. — 198, rue Verte à Bruxelles.

Wombroell's ménagerie. Les éléphants.
- **474.** Appartient à M. Octave Maus.
- **475.** Appartient à M. Willy-Schlobach.
- **476.** Appartient à M. Edmond Picard.
- **477.** Appartient à M. Vincent d'Indy.

LÉON Y ESCOSURA (Ignace de), né à Oviedo (Espagne). — 21, rue de la Faisanderie.
- **478.** Une galerie de tableaux à Paris, rue de la Faisanderie.
- **479.** La lectrice de Monsieur le marquis.
- **480.** Vue de la Catedral de Toledo.
- **481.** Portrait de Mme X...

LE PETIT, Alfred-Achille-Alexandre, né à Aumale (Seine-Inférieure). — 128, rue de Courcelles (Levallois-Perret).
- *482. Jeune rat et nouvelle carotte.
- *483. Deux orphelins. Jeune chien chinois.
- *484. Quatre aquarelles : Berneval, nature morte, dinde, un moulin.
- *485. Cour de ferme.
- *486. Vue de village.
- *487. Croquis.
- *488. Une rue à Louviers (Eure).
- *489. Le père Maxçaut.

LONGEVILLE (de), Eugène, né à Hucquelliers (Pas-de-Calais). — Rue des Capucines 36, à Amiens.
- *490. Chien griffon au repos près d'un taillis.
- *491. Coup de soleil par un temps pluvieux.
- *492. Pâturages, vaches et Taureaux.

LUCE, Maximilien, né à Paris. — 6, rue Cortot (Montmartre).

 493. La rue Mouffetard.
 494. L'église Saint-Médard.
 495. Le Pont-neuf.
 496. Ponton à Ivry.
 497. Portrait. Pastel.
 498. Quatre lithographies. Courses de Saint-Ouen.
 499. Deux lithographies. Courses de Saint-Ouen.
 500. Femme à sa toilette. Pastel. (Appartient à M. Miguet).
 501. Une cuisine.
 502. Femme cousant.

LYNCH, Henry, né à Valparaiso (Chili). — 23, rue Fontaine-Saint-Georges, Paris.

 503. Sur la tour Eiffel. Portrait de Mlle L...
 504. Étude de Bretagne.
 505. Fin du pont.
 506. Le soir.
 507. Étude de soleil.
 508. Une plage.
 509. Bretonne.
 510. En famille.
 511. Paysanne bretonne.
 512. Retour du pardon.

MADIOL, Adrien-Jean, né à Groninge (Pays-Bas). — Plaines des tilleuls. Woluwe-Saint-Lambert. Brabant.

 ***513.** God's word ou la parole de Dieu.
 ***514.** De oude fouk-man ou l'ancien jeune homme.

MAGNE (Mlle), Delphine, née à Paris. — 22, avenue Parmentier.

 ***515.** Panneau. Chrysanthèmes.

*516. Éventail.
*517. La bonne aventure. Éventail.

MALVAL (de), Édouard, né à Lyon. — 11, rue Florian à Sceaux.
 518. Marat écrivant son journal dans la cave du boucher Legendre.
 519. Affaire Clémenceau : Iza sortant du bain : « Ne voilà-t-il pas un beau motif de statue ? »

MARC-B. (Mme), Mathilde, née à Bordeaux. — 14, rue Clapeyron à Paris.
 520. Portrait de M. C. F.
 *521. Chrysanthèmes et souvenir de l'Exposition de 1889.

MAREY (Mlle), Blanche, née à Paris. — 13, rue Taitbout.
 522. Dans l'auberge de la paix à Friaña (Espagne).
 523. L'Anarchiste.
 524. Étude de fleurs.

MESUREUR, Noé-Pierre-Bernard, né à Boulogne-sur-mer. — A Cucq, par Étaples (Pas-de-Calais) et chez M. Tanguy 14, rue Clauzel.
 525. Ferme de Mlles Godin, à Cucq (Pas-de-Calais).
 526. Un coin des communaux de Cucq par grand vent (Pas-de-Calais).
 527. Gerbes de blé à Trépied-Cucq (Pas-de-Calais).
 528. La Canche à marée basse près Étaples (Pas-de-Calais).

MILLET, James, né à Genève (Suisse française). — 123, boulevard Richard-Lenoir à Paris.
 *529. Animaux sur une levée de marais, Charente-Inférieure.

530. Taureau et vache maraîchins.
*531. Sortie des prés.
*532. Village de Saclay (Seine-et-Oise).
*533. Un chemin à la Celle-Saint-Cloud.
*534. A l'abreuvoir.
*535. Gourmandise.

MIROL, Michel, né à Paris. — 189, rue de Charonne.
536. Fleurs.
537. Fruits.
538. Fleurs.
539. Dessin croquis.
540. Portrait.

MONIER, Camille, née à Montpellier. — 12, rue des Artistes, avenue Montsouris.
541. Les montagnes du Sancerrois.
542. Oliviers près de Nice.
543. Lever de lune.
544. Soleil couché.
545. Environs de Sancerre.
546. Le moulin Colas à Saint-Privé (Yonne).
547. Le pont de Grenelle.
548. Quai de Javel.

MONTIGNY, Jules-Léopold, né à Paris. — 92, rue Charles-Laffitte, à Neuilly (Seine).
549. Roches, embouchure de la Loire.
550. Matin. Marine.
551. Accident à l'aiguille.

MONTIGNY (Mme), Léonie, née à Paris. — 92, rue Charles-Laffitte, à Neuilly (Seine).
552. Environs de Conflans (Marne).
553. Lisière du bois de Conflans (Marne).
554. Pensées.
555. En forêt (Marne).

MOSTERTMANN, Louis, né à Paris. — 34, rue Bellefond.
 556. Paysage.
 557. OEufs sur le plat.
 558. Fleurs.

O'CONOR, Roderic, né à Roscommon (Irlande). — Hôtel Beauséjour à Grez, par Nemours (Seine-et-Marne).
 ***559.** Nature morte.
 ***560.** La mare gelée.
 ***561.** La mare, effet de soleil, midi.
 ***562.** Le matin au bord du Loing.
 ***563.** Chemin menant à Grez.
 ***564.** Femme écalant des haricots.
 ***565.** La lisière du bois.
 ***566.** Tête de jeune paysan.
 ***567.** Le pont de Grez.
 ***568.** Le moulin du Roy.

OSBERT, Alphonse, né à Paris. — 7 et 9, rue Alain-Chartier (Paris-Vaugirard).
 ***569.** Rêverie du soir.
 ***570.** Un ermite.
 ***571.** Dans les champs de Diélette (Manche).
 ***572.** Une mare dans les dunes, le soir.
 ***573.** Fin d'orage.
 ***574.** Couchant sur la mer.
 ***575.** Brouillard du matin.
 ***576.** L'après-midi. Biville (Manche).
 ***577.** Le matin sur l'Oise.
 ***578.** Le soir sur la grève (Flamanville).

PAPEGAY, Alexandrine, 30, rue Monge.
 ***579.** Rosiers sur une terrasse, aux bords de la Loire.
 ***580.** Un bouquet de lilas, avec roses et camélias.
 581. Un vase de chrysanthèmes.

PARMEGIANI, Emmanuel, né à Paris. — 18, rue de Miromesnil.
    582. Repos au bord de l'étang.

PELLETIER-FROMENTIN (Mme) (Olympe-Eugénie), née à Cléry (Loiret); à Château-Landon (Seine-et-Marne).
    *583. Bords du Loing, entre Nemours et Souppes. Dessin au fusain.
    *584. Les fossés du château féodal de Jarnonce, forêt d'Orléans. Fusain.
    *585. Vue de Château-Landon, partie ancienne. Fusain.
    *586. Solitude dans les montagnes de la Bourboule. Fusain.
    *587. Paysage avec ruines. Dessin à la mine de plomb.
    *588. Bords du Loing à Dordives. Mine de plomb.
    *589. Bords du Fusain à Château-Landon. Mine de plomb.

PERROT, Gustave-Charles-Claude, né à Paris. — 3, Grande-Rue, à Villejuif (Seine).
    *590. Un coin de mon jardin.
    *591. Portrait à la fresque de M. Paul Alexis.
    *592. Au jardin.
    *593. Environs de Villejuif.
    *594. Intimité.
    *595. Cambrai-le-Chênois (Ardennes).
    *596. La Seine à Athis.
    *597. Un moine.
    *598. Coin d'auberge (Seine-et-Oise).

PERROTIN, Henri, né à Grenoble. — 3, rue J.-J.-Rousseau, à Grenoble.
    599. Tour de Villeneuve-lès-Avignon.
    *600. Dans l'île de la Barthelasse.
    *601. Premières feuilles, printemps.

PRAT, Henri, né à Paris. — 75, boulevard Clichy (Paris).
    602. Petite fille au tricot.
    603. Poissons rouges.
    604. Environs de Loches.
    605. Bords de l'Indroie.
    606. Femme nue couchée.

PICARD, Robert, né à Bruxelles. — 47, avenue de la Toison-d'Or.
    607. Cyclone.
    608. Mer marbrée, par une brise fraîche.
    609. Forêt vue par les cimes à l'aurore.
    610. Coucher de soleil sur la mer en temps de canicule.

PICARD-JOUBERT, Élie-Ernest, né à Paris. — 64 bis, rue Dulong.
    611. Portrait de Mlle L. T.
    612. Vieux chêne, du Bas-Bréau.
    613. Les roches de Liphard (Seine-et-Oise).
    614. Pommes de châtaignier et pommes d'api.
    615. Plateau des Hautes-Bruyères (Seine-et-Oise).
    616. Tête d'étude.
    617. Pivoine.
    618. Portrait de M. Ch.-D. Fusain.
    619. Portrait de Mme P. F. Fusain.
    620. Baigneuse.

PISSARRO, Lucien, né à Paris. — Eraguy, par Gisors (Eure).
    621. La rue Saint-Vincent, soleil d'hiver.
    622. Prairies à Gisors, temps gris.
    623. Prairies à Thierceville, temps gris.

PITOY, Alfred, né à Scey-sur-Saône (Haute-Saône). — 25, rue de la Voie-Verte (Paris).
    624. Bords de la Bièvre. Paysage.

PONS, Marius, né à Saint-Étienne. — 6, rue du Marché, à Neuilly (Seine).
    *625. Portrait de minet.
    *626. Le déjeuner, nature morte.
    *627. Le souper, nature morte.
    *628. Apprêts de la soupe aux choux.
    *629. Table d'étude.
    630. Portrait du caporal Melon.
    631. Portrait de Mme C. R.
    632. Portrait de M. M.
    633. Portrait de M. P., capitaine de la territoriale.
    634. Portrait de M. L.

POZIER, Jacinthe, né à Paris. — 93, quai de Valmy (Paris).
    *635. Le printemps à Bazincourt (Eure).
    *636. Le clos aux meules, à Éraguy-sur-Epte.
    *637. Brumes d'automne à Auvers-sur-Oise.
    *638. Le matin, bords de l'Epte à Bazincourt.
    *639. Le chemin du lavoir à Éraguy-sur-Epte.
    *640. Laveuses aux bords de l'Oise à Auvers.
    *641. Le soir à Éraguy-sur-Epte.
    *642. Les meules.

PRESSEQ, Henri-René, né à Montauban. — 22, rue Godot-de-Mauroi (Paris).
    *643. Le moins heureux des trois.
    *644. Temps calme, mer du Nord.
    *645. La mare, coin du parc de Gœulzin (Nord).
    646. Bords de la Deûle, près Lille.

QUILLET, Ferdinand, né à Niort (Deux-Sèvres), 8, rue Saint-Jean, Paris.
    647. La Fille de l'auteur.
    648. Ferme de Beaulieu (Deux-Sèvres).
    649. Un coin de jardin public de Niort.
    650. Les batteurs.

RAYMONT, Archambaud, né à Paris. — 25, avenue Marigny. Paris.
    651. Portrait de l'auteur.
    652. Portrait du vicomte de Saint-G.
    653. Portrait du vicomte A. de M.
    654. Vue du château de Pondres (Gard).

RIÉGER, (Mlle Jenny), née à Paris. — 37, rue Vivienne.
    655. Éventail.
    656. Mimosas et anémones.

ROYBON, Antoine, né à Paris. — 2, rue [de la Michodière (chez M. Striberni).
    657. L'impasse Kléber (Alger).
    658. La Bouzarea (Algérie).
    659. Fleurs.

ROUSSEAU, Henri, né à Laval. — 18 *bis*, impasse du Maine.
    660. Moi-même. Portrait-paysage.
    *661. Vue d'Issy. Effet de printemps après l'orage.
    *662. Vue de Billancourt et Bas-Meudon, Effet de brume.
    663. Portrait de M. B.
    664. Mon premier, de Julia Rousseau, née à Paris.
    *665. Dessins à la plume.
    *666. Dessins plume, crayon.
    *667. Dessins à la plume.
    *668. Dessins à la plume.

ROY, Louis, né à Poligny (Jura), au lycée Michelet à Vanves (Seine).
    669. Portrait de M. D***.
    *670. Crépuscule à Vanves.
    *671. Un jour d'été.
    *672. Une nuit d'hiver.

*673. A Chaville. Étude.
*674. Entre chien et loup.
675. La Rouquine (appartient à M. Schuffenecker).
676. Allégorie (appartient à M. Schuffenecker).
*677. A la Gaîté Montparnasse. Pastel.
*678. Éventail. Le Travail.

ROYER (M.), E., né à Isle. — 111, rue Saint-Pierre, à Caen.
679. Portrait de Mme B.
680. Portrait d'enfant.

ROZIER-VANLINDEN (Mme), Geneviève, née à Paris. 8, rue Lallier et rue du Château, 78, à Asnières (Seine).
*681. Oranges.

SABATIER, Louis, né à Gannat (Allier). — 3, impasse de l'Enfant-Jésus. Paris.
682. L'entrée du bois.
683. Étude du bois de Clamart.
684. Une rue à Issy.
685. Carrière. Étude.
686. Un sentier. Aquarelle (appartient à M. E. M.).
687. Étude de genêts. Aquarelle.
688. Rue à Issy. Aquarelle.
689. Étude dans l'ancien parc d'Issy. Aquarelle.

SARDA, Henry, né à Lons-le-Saulnier (Jura). — 73, rue du Bourg. — Bar-le-Duc (Meuse).
*690. A la frontière, on ne passe pas.
*691. La préméditation.
*692. Une majesté au XV° siècle.
*693. Étude de saules.

SAUVAGE, Arsène-Symphorien, né à Rosières. — 3, rue du Regard (Paris).
*694. Un solo.

*695. Amitié.
*696. Moutons.
*697. Moutons.
*698. Une partie de billes. Dessin
*699. L'éléphant du Jardin d'acclimatation. Dessin.

SCHAECK, Paul, né à Paris. — 71, rue du Cardinal-Lemoine.

*700. Étude de paysage à Rozoy-sur-Serre.
*701. Étude à Cayeux-sur-Mer. Aquarelle.
*702. Étude, jardin fleuri, 71, rue Cardinal-Lemoine.

SÉGUIN, Arsène, né à Saint-Malo. — 10, rue du Buisson, La Garenne-Colombes (Seine).

703. Les petits pêcheurs. Aquarelle sur soie.
704. Coquetterie. Aquarelle sur soie.
705. Marine.
706. Soleil couchant.

SERENDAT DE BELZIM, Louis, né à l'île Maurice. — 56, rue du Rocher (Paris).

707. Portrait de M. L. Chevallier.
708. Portrait de M. F. Bournand.
709. M'aime-t-il?
710. Au vainqueur.
711. Lisette.
712. Jésus au prétoire.

SERRES, Antony, né à Bordeaux. — Saint-Gratien (Seine-et-Oise).

*713. Des fantaisistes.
*714. Doux reproches.
*715. Convalescence.
*716. Taquinerie.
*717. Ça ne mord pas.

*718. Faunesse.
*719. La tâche.
*720. Retour d'école.
*721. Misère noire.
*722. Petite vendange.

SERVAL, Maurice, né à Douai, — 26, rue Bréda (Paris).
*723. Intérieur. Aquarelle.
*724. Ruines de la Cour des comptes. Aquarelle.
*725. Ruines de la Cour des comptes. Aquarelle.

SEURAT, Georges, né à Paris. — 39, passage de l'Élysée-des-Beaux-Arts.
726. Chahut.
727. Jeune femme se poudrant.
728. Port-en-Bessin un dimanche.
729. Port-en-Bessin, l'avant-port (marée basse) (appartient à M. de la Haut).
730. Port-en-Bessin, l'avant-port (marée haute).
731. Port-en-Bessin, entrée de l'avant-port.
732. Les Grues et la Percée.
733. Temps gris. Grande-Jatte.
734. Printemps. Grande-Jatte.
735. { Paul Alexis.
      { Paul Signac.

SIGNAC, Paul, né à Paris. — 20, avenue de Clichy.
736. Op. 201. Un dimanche. *Paris* 1889.

LA MER

De Cassis (Bouches-du-Rhône), avril, mai, juin 1889.
737.   Op. 200. Prêté par Mme Monnom.
738.   Op. 197. Prêté par M. Lemonnier.
739.   Op. 196. Prêté par M. Ch. Storm de S. Gravesande.
740.   Op. 195. Prêté par M. Lemonnier.

De Portrieux (Côtes-du-Nord), juin, juillet, août, septembre 1888.

741.   Op. 185.
742.   Op. 184.
743.   Op. 162.
744.   Op. 181.

SIMAS, Martial, né à Paris. — 9, rue Ganneron.

745. Étude.
746. Études.
747. Études.

SIMONET, Louis-Claude, né à Bez (Côte-d'Or). — 9, rue Jacob (Paris).

748. Après l'orage à Cernay (appartient à Mlle J. S.).
749. Sur la falaise à Douarnenez (Finistère) (appartient à Mlle J. S).
*750. Préparatifs pour la pêche à Douarnenez.
*751. Escalier descendant à la mer (Douarnenez). Nature morte (appartient à Mlle J. S.).
*752. Femme au puits.

SON, Johannès, né à Lyon. — Faubourg Saint-Nicolas, Bourg (Ain).

753. Colline de Ponsin au soleil du matin.
754. Étang de Saint-Paul-de-Varey.
755. Terreau au bord de l'Ain.
756. L'albarine à Torcieux (Ain).
757. Soleil sur la plaine.
758. Saules et sables de l'Ain.
759. Les seconds foins, après-midi.
760. Orage à Neuville.
761. Un étang de la Dombe avant l'orage.

SOULEY-DARQUÉ (Mme), Marguerite, née à Dax (Landes). — 8, villa Michel-Ange.

 762. Portrait de Mlle Constance Fontaine.
 763. Pêcheur raccommodant ses filets. Étude.
 764. Sous la tonnelle.
 765. Mme Souley-Darqué.

TELLIER, Albert, né à Condé-sur-Noireau (Calvados). — 6, Chemin de Saint-Michel, Louveciennes (Seine-et-Oise).

 *766. Nature morte.
 *767. Nature morte.

TENAILLE, Louis, né à Marcilly (Haute-Marne). — 117, boulevard Richard-Lenoir, à Paris.

 *768. En attendant le dernier train.
 *769. Vue prise au quai de Billy, 6 septembre 1889, à dix heures soir.
 770. Souvenir de Montmartre. Étude.
 771. Étude, soir.

TESSIER, Pierre Léon, né à Paris. — 60, rue de la Tour. Passy.

 *772. La pêche aux chevrettes, bords de la Garonne. Peinture.
 773. Les Biquets. Eau-forte d'après Hanoteau.
 774. Les Fontaines noires. Eau-forte d'après Hanoteau.
 *775. Une tricoteuse.
 *776. Les bords de la Seine, Bas-Meudon.
 777. Portrait de l'auteur.
 *778. La grosse cloche à Bordeaux.
 *779. Nature morte.
 *780. La rue Saint-Denis à Paris pendant la fête du 14 juillet.
 *781. Un Bourguignon.

THÉO VAN RYSSELBERGHE, née à Bruxelles. — 422, avenue Louise.

 782. Portrait de Mme D. B.
 783. Portrait de Mme P***.
 784. Portrait de fillette.
 785. Portrait de Mme G***.
 786. Marine.
 787. Tennis.
 788. Marine.

TINEL (Mme), Jeanne, née à Paris. — 40, rue Condorcet. Paris.

 *****789.** Le goûter.

TOULOUSE-LAUTREC (de). Henri, né à Albi (Tarn). — 27, rue Caulaincourt, à Paris.

 790. Dressage des nouvelles, par Valentin le Désossé (Moulin-Rouge).
 791. Portrait de Mlle Dihau.

TRAVERS, Désiré-Louis, né à Brest. — 8, rue Château-Landon, Paris.

 792. La Sarthe, au Chevain.
 793. La pointe de Saint-Mathieu (Finistère) (appartient à M. Claude Goubot).
 794. L'*Aurora*, navire naufragé sous le phare de Kermorvan (Finistère) (appartient à M. Claude Goubet).
 795. Pointe de l'île Saint-Ouen, vue de la route.
 796. La Marne à Créteil.
 797. Le *Glendevon*, trois-mâts anglais, naufragé à l'île d'Ouessant.
 798. Escadre cuirassée de réserve devant la Rochelle (appartient à l'amiral Thomasset).
 799. Carrières de Soisy (Seine).

800. Pointe de l'île Saint-Ouen (vue de l'île).
801. Prairie devant le château de Chevain (Sarthe) (appartient à Mme Levasseur-Saint-Albin).

URBAN, Ernesta, née à Vienne (Autriche). — 7, villa Michel-Ange, Auteuil.
802. Portrait de M. le docteur Chautemps, ancien président du Conseil municipal, député de la Seine.
803. Portrait de Mme Paul Alexis.
*804. Hier et demain.
*805. Dupes et Victimes.

VALTON, Edmond-Eugène, né à Paris. — 49, boulevard Richard-Lenoir, à Paris. Atelier, 3, rue de Bretonvillers.
806. Le Port-Louviers, à Paris.
807. Croquis d'atelier.
808. Le soir.
809. Gorges de Roncevaux. Forêt de Fontainebleau.
810. Paris qui s'allume.
811. Au marché.
812. Le hersage.
813. Le matin.
814. Femmes des environs de Rome.
815. La moisson.

VAN DE VELDE, Henry, né à Anvers (Belgique). — 41, rue Osy.
816. Faits du village : VI. La femme assise à la fenêtre.
817. VII. La fille qui remaille, appartient à M. Léon Lespine.
818. Paysage mondain.
819. Paysage mondain.

VASCO, Henri. — 7, avenue Victoria, Paris
    820. Souvenir des Vosges.

VIARGUES, Marie, née à Paris.— 4 bis, rue Descombes.
    821. La mer du haut de la falaise à Veules.
    822. Un moulin à Veules.
    823. Paysage, berge. La machine de Marly.
    824. Un bouquet de Lilas.
    825. Tulipes.
    826. Nature morte. Poissons.
    827. Le vieux château de Veules. Paysage.

VILLETTE, Léon-Adolphe, né à Châlons-sur-Marne. — 79, rue Rochechouart, Paris.
    828. La machine infernale (appartient à M. L.).

VINCENT, Georges, né à Clamecy (Nièvre). — 5, rue Brézin, Paris.
    829. Fromages.
    830. Pivoines.
    831. Fruits.

VINCENT VAN GOGH, né en Hollande. — 3, cité Pigalle, Paris.
    832. Le cyprès.
    833. Paysage montagneux en Provence.
    834. Rue à Saint-Rémy.
    835. Les Alpines.
    836. Promenade à Arles.
    837. Mûrier en automne.
    838. Sous bois.
    839. Lever de soleil en Provence.
    840. Les Tournesols.
    841. Verger d'oliviers en Provence.

VOGELIUS, Paul, né au Danemarck. — 15, avenue Mac-Mahon à Paris.

    842. Matinée, septembre.
    843. Bords du Loing près Grez.
    844. Environs de Grez-sur-Loing.
    845. Groupe de peupliers.

VOLANT, Octave, né à l'Isle-Adam. — L'Isle-Adam.

    846. Le quai de l'Isle-Adam.
    847. Le pont de l'Isle-Adam.
    848. Étude.
    849. Bords de l'Oise.
    850. Le Pâtis.
    851. Sur l'Oise.

WERTHEIMER, Gustave, né à Vienne (Autriche). — 75, boulevard de Clichy (Paris).

    852. Scène de ménagerie, chez Pezon.
    853. Étude de jeune fille.
    854. Lionceaux.
    855. Sidonie, étude de Parisienne. Pastel.
    856. Étude de Parisienne, derrière l'éventail. Pastel.
    857. Tête de lion.

WIERRE, Adolphe-Joseph, né à Houlle (Pas-de-Calais). — 18, rue d'Arras, à Hesdin (Pas-de-Calais).

    858. Nature morte (appartenant à Mlle L. C.

20200. — IMPRIMERIE A. LAHURE

9, Rue de Fleurus, 9

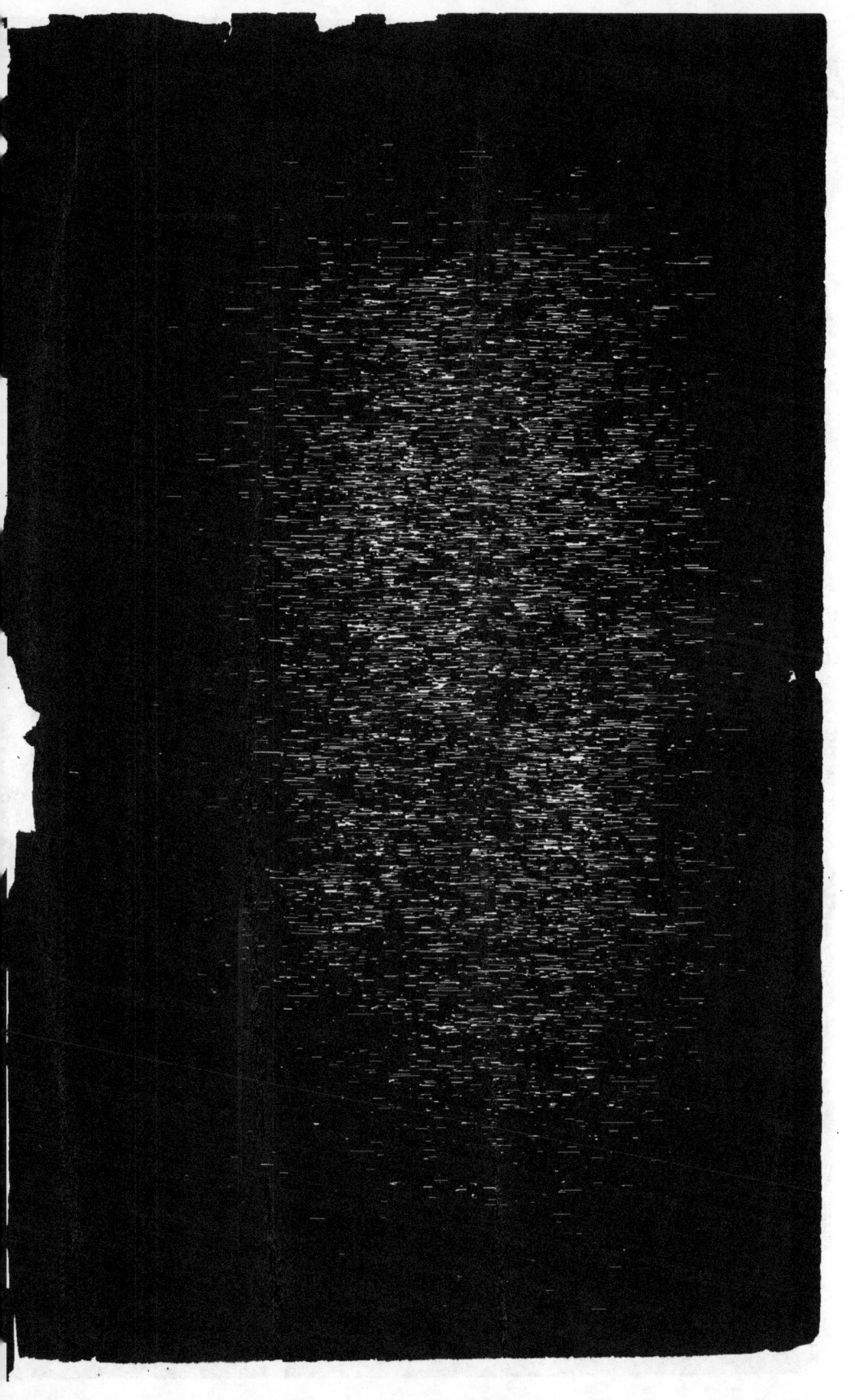

www.ingramcontent.com/pod-product-compliance
Lightning Source LLC
LaVergne TN
LVHW021711080426
835510LV00011B/1721